DOCUMENTS

SUR LA

JUSTICE CRIMINELLE

1486-1549

TIRÉS DU CHARTRIER DE THOUARS

PAR P. MARCHEGAY

PARIS

ALPHONSE PICARD, LIBRAIRE-ÉDITEUR

Rue Bonaparte, 82

—

M. D. CCC. LXXIX

DOCUMENTS

SUR LA

JUSTICE CRIMINELLE

1486-1549

TIRÉS DU CHARTRIER DE THOUARS

Par P. MARCHEGAY

PARIS

Alphonse PICARD, Libraire-Éditeur

Rue Bonaparte, 82

—

M. D. CCC. LXXIX

DOCUMENTS

JUSTICE CRIMINELLE

1486 - 1549

Entr'autres documents féodaux, les Acquits des comptes des receveurs, ou actes justificatifs de leur gestion annuelle, abondent en renseignements historiques sur le quinzième siècle et le seizième. A propos de dépenses faites pour l'exercice des droits et devoirs judiciaires du seigneur, on y rencontre notamment des pièces détaillées et curieuses au sujet de l'histoire du droit criminel. En voici quelques-unes, se rapportant à divers points de la France et tirées des archives, vraiment inépuisables, du duc de La Trémoïlle.

I. — ORLÉANAIS.

SEIGNEURIE DE SULLY SUR LOIRE (1).

1486. *Fustigation, essorilement et bannissement d'un larron.*

Saichent tuit que nous Jehan Hay, prévost de Sulli, veu le procés creminel fait par *nous à* ...... Halleton, de la parroisse de Villiers-Charlemaigne (2), ou déoseze du Mans, prisonniers ès prisons du chastel de Sulli, pour certain larrecin à luy imposé, la confession dudit Halleton *entendue* avec les saiges, et considéré ce qui fait à considérez en ceste partie, avons icelluy Halleton *condempné* et condempnons à estre batu et fustigé de verges par les carrefours dudit Sulli, ce *jeudi prochain*, qui est jour de marché et assemblée, et à avoir l'une des oreilles coupée, et banny de la terre de mondit seigneur, par l'exécuteur de la haute justice; et tous ses biens déclairez confisquez à mondit seigneur.

Fait et donné le xxıjᵉ jour de septembre, l'an mil ııjᶜ ıııjˣˣ et six

G. BIENASSIS.

(Original en parchemin, déchiré à droite. Les mots restitués sont en italiques).

1494. *Exécution d'un criminel.*

Phelipot Jeslin, verlet de maistre Phelipes exécuteur d'Orléans, confesse avoir receu de honneste personne Guillaume Cochon, receveur de Monseigneur à Sulli, la

(1) Loiret, arr. de Gien.
(2) Mayenne, arr. de Chateaugontier.

somme de seize solz parisis, pour son voiage d'estre venu dudit lieu d'Orléans audit Sully, pour exécuter ung prisonnier qui avoit gaingné à estre exécuté. Item pour sa despense cinq solz parisis. De laquelle somme ledit Phelipot s'en est tenu pour comptant, quictant etc etc. reconnaissant etc etc. Fait le xv° jour d'avril, avant Pasques, l'an mil iiij° iiij^{xx} et xiiij.

(*Original en papier*). PAIGE.

1498. *Fustigation en deux lieux d'un voleur d'église.*

Je Pierre Gouhault, procureur de Monseigneur en sa seigneurie de Sully, certiffie à Messeigneurs les audicteurs des comptes de Guillaume Cochon, receveur dudit Sully, que ledit receveur a paié à l'exécuteur de la haulte justice d'Orléans la somme de trente-deux solz parisis, à quoy j'ay marchandé audit exécuteur pour venir d'Orléans audit Sully, batre et fustiger de verges Anthoine Frangeon, natif de Chilleurre (1), ou pays de Beausse, et dudit Sully le mener rebatre au lieu Disde (2), distant dudit Sully de trois leues, pour ce qu'il avoit desrobé l'église dudit lieu. Et avec ce a paié ledit receveur, pour la despence dudit exécuteur en venant d'Orléans audit Sully, audit lieu de Sully et audit lieu de Disde, la somme de six solz parisis. Et à tout ce j'ay esté présent et marchandé audit exécuteur et l'ay amené audit Sully.

En tesmoing de ce j'ay signé ceste présente, le xviiij° jour de may, l'an mil iiij° iiij^{xx} xviij.

P. GOUHAULT.

(*Original en papier*).

(1) Loiret, arr. de Pithiviers.
(2) Aujourd'hui *Isdes*, Ibid. arr. de Gien.

II. — SAINTONGE.

SEIGNEURIE DE DIDONNE. (1).

1492. *Exécution d'une femme atteinte de sorti-*
lége et homicide, et arrestation de sa fille.

La mise faicte par Jehan Bolo, receveur de
Didone, tant pour l'exécucion et procès de Beatrix
Catarde, actainte de sortilleige et omicide, que aussi
pour avoir recouvert Marion fille de ladicte Catarde,
détenue ès prisons de Saint Seurin (2) pour mesme cas.

Le ixe jour de juillet, l'an mil iiij^c iiij^{xx} xij, en despence
faicte par les officiers de Monseigneur, assavoir des pro-
cureurs et greffier de Didonne avecques huit hommes et
leurs compaignons, qui furent querir audit Saint Seurin
ladicte Marion, prinsonnière; en toute despence pour
ledit jour, xxiij sols iiij deniers.

Item baillé au seigneur dudit Saint Seurin, pour les
despens et procédure qu'il avoit fait faire contre ladicte
Marion durant xv jours, xLV s.

Le mardi ensuivant, x^e jour de juillet, pour le disner
desdiz officiers qui furent à examiner lesdictes prinson-
nières, pour eulx et leurs chevaulz, vij s. vj d.

Item pour la despence du bourreau qui exécuta ladicte
Beatrix, faicte chès Guillaume Perrigault, xv s. vj d.

Item une pere de gans, xij d.

Item en chevestres et cordages, ij s.

Item pour le salayre dudit exécuteur, ainsi qu'il avoit
marchandé à mons^r le baillif de Taillebourg, LXX s.

---

(1) Charente Inférieure, arr. de Saintes.
(2) Ibid.

Item à l'omme qui alla querir ledit exécuteur à Saint Jehan d'Angély, pour leur despens et pour faire la diligence de l'avoir, baillé xxx s.

Item pour retourner ledit exécuteur, comme avoit esté promis, baillé à luy et ung homme pour le conduire x s.

Item pour la fasson de la potence double et eschalles doubles et en despence, xɪj s (1).

SEIGNEURIE DE SAUJON (2).

1526. *Procès, fustigation et bannissement d'un larron.*

A madame la recepveuse de Saujon.

Madame la recepveuse, je me recommande à vous.

J'ay esté adverti qu'il y a ung criminel ès prisons de Saujon qui est condempné. Ilz m'ont mandé que ne vouliés faire la mise, toutesfoys il est requis que la facés. Et pour ce faictes là et n'y faictes difficulté; et faictes signer voz misez aux officiers, et je vous prometz de les vous faire allouer. Et à Dieu soyez.

A Taillebourg (3), ce ɪxᵉ jour de décembre l'an mil vᶜ vingt et six.

Cristofle de Coectivy, tout vostre.

(Original olographe.)

Je Ambroys Daraine, maistre des haultes heuvres de Justice, congnoys et confesse avoir eu et receu de la recepveuse de Saujon la somme de trante cincq solz tournoys, pour avoir fustigué ung homme par le bourg et ès environs de Saujon; la quelle somme m'a esté

(1) Total 10 livres 16 sous 4 deniers.
(2) Charente Inférieure, arr. de Saintes.
(3) Même département, arr. de Saint Jean d'Angély.

ordonné bailler par le procureur dudit Saujon, dont je me tiens pour content.

En tesmoing de ce, en ay baillé ces présentes à ladicte recepveuse, signée à ma requeste, le xiij° jour de décembre l'an mil cinq cens vingt et six.

H. ARTHAUD, greffier.

(*Original signé.*)

S'ensuyvent les mises faictes par Perrine Bernarde, vefve de feu Hugues Couillaud, en son vivant recepveur de Saujon.

Et premièrement pour ung nommé Jehan du Montel, détenu ès prisons de Saujon despuys le xj° jour de novembre jusques au xij° jour de décembre, qui fut fustigué et bany pour ses démérites; pour sa despence, xxxvij s. vj d.

Item baillé à ung messagier pour apporter le procès et sentence dudit prisonnier, vingt solz; pour ce xx s.

Item baillé au maistre des haultes heuvres, pour avoir fustigué ledit prisonnier, ainsi qu'il appert par quictance, xxxv s.

Item pour la despence des officiers, dix solz; pour ce x s.

Item baillé à Jehan Moreau, de Saujon, pour avoir logé et faict la dépence au maistre des haultes heuvres, vj s.

Item baillé à ung messaiger, pour porter des lettres à monseigneur de Fenyoux (1), qui commanda faire la mise dudit prisonnier, vj s.; pour ce, vj s.

DELAROCHE, pour avoir este appellé à la
mise susdicte

(*Original signé*).

(1) Signataire de la lettre imprimée en tête de ce chapitre.

Je Gilbert Mercier, assesseur de Saujón, confesse avoir eu et receu de Perrine Bernarde, recepveuse de Saujon, la somme de quinze solz tournoys, pour avoir vacqué à prandre la confession, affrontement et procédure faicte pour ung nommé Jehan Demontel, détenu prisonnier pour certain furt et larrecin par luy commis en ladicte seigneurie, qui a esté fustigué. Dont je la tiens quicte par ces présentes, signées de ma main, le premier jour de febvrier l'an mil vᶜ xxvj.

(Original olographe.) G. MERCIER

Je Hugues Arthaud, greffier de la chastellenye et seigneurie de Saujon, confesse avoir repceu de Perrine Bernarde, recepveuse dudit lieu, la somme de dix solz, pour avoir vaqué à ung prisonnier, nommé Jehan de Montel ; tesmoing cete quiptance, signée de ma main, le xvjᵉ jour de feubrier l'an mil vᶜ xxvj.

(Original olographe). H. ARTHAUD.

III. — ANJOU.

SEIGNEURIE DE CHATEAUNEUF-SUR-SARTHE (1).

1499. *Jugement et exécution d'un malfaiteur récidiviste. Coup de couteau qu'il donne au bourreau, lorsque celui-ci lui met la corde au cou.*

S'ensuyt la despence faicte par Jehan Dumoussoy, sergent ordinaire de Chasteauneuf, à pencer Ypolite Marriez, durant le temps qu'il a esté détenu prinsonnier ès prinsons dud. lieu de Chasteauneuf.

Et premier ledit Jehan Dumoussoy print et mist ès prinsons dud. lieu de Chasteauneuf led. Ypolite, le

(1) Maine et Loire, arr. de Segré.

xxvᵉ jour de décembre l'an mil iiij° iiijˣˣ et dix huit ; et fut èsdictes prinsons jousques à l'uitiesme jour d'avril après Pasques, qui est quatorze sepmaines entières, que led. Ypolite fut forbanny de la terre et seigneurie dud. lieu de Chasteauneuf. Pour chascun jour de lad. despence, à deux solx tournoys (1), vallent en somme la somme de xi livres xvi solx.

Item et depuys led. Ypolite, pour ses démérites, a esté constitué prinsonnier, et fut prins par led. Jehan Dumoussoy, ès forbours de la ville de Chasteauneuf, le huitiesme jour de décembre ; lequel Ypolite a esté èsdictes prinsons depuys celuy jour jusques au cinquiesme jour de février darrain passé, qui est en nombre huit sepmaines et deux jours. Pour chascun jour deux solx t. qui est cvxj s.

Item led. Jehan Dumoussoy, par le commandement de mesdits seigneurs les officiers dud. lieu de Chasteauneuf (2) ala aud. lieu d'Angiers, le sabmedi premier jour de février et le lundi iijᵉ dud. moys darrain passé, queriz et faire [venir] l'exécuteur de la haulte justice dud. lieu d'Angiers pour venir aud. lieu de Chasteau-

---

(1) Ce chiffre était évidemment exagéré. Aussi, après l'avoir réduit à 4 deniers par jour, les auditeurs nommés par Louis II de La Trémoille, sgr de Chasteauneuf, pour examiner le compte de B. Neron, biffèrent ils cet article et le suivant.

(2) Maistre Bertran Du Vau, senneschal (au gages annuels de 10 livres tournois).

Maistre René Breslay, promoteur, ou procureur, mêmes gages, plus 100 sous par an pour suivre les procès du Sgr de Chateauneuf aux assises d'Angers, Baugé et autres cours et juridictions du voisinage.

Maistre Jehan Girart, advocat et garde des Remembrances (Payé à raison de 20 sous par Assises. Il y en avait eu quatre la présente année.) Bernadin Neron, recepveur, (20 l. par an.)

Les gages du chatelain, Guillaume Renart, ne sont pas indiqués.

neuf exécuter led. Ypolite Marriez, à la justice patibul-
laire dud. lieu de Chasteauneuf; où led. Jehan Dumoussoy a vacqué par deux jours.

Pour la despence de luy et de son cheval, x s.

Item pour la despence dud. exécuteur, faicte par led.
Jehan Dumoussoy, qui vint aud. lieu de Chasteauneuf
pour exécuter led. Ypolite ; et lequel exécuteur vint à
cheval aud. lieu de Chasteaunenf et amena avesques luy
ung sien varlct. Lequel exécuteur et sond. varlet arivè-
rent aud. lieu de Chasteauneuf le quatriesme jour de
février darrain passé pour faire l'exécucion dud. Ypolite;
où led. exécuteur a vacqué par deux jours, au moyen de
ce que led. Ypolite, garny d'un petit cousteau pragoys(1),
en frappa led. exécuteur en une cuysse, en lui mectant
le cordeau au coul, dont l'on ne donnoit point garde, Et
fut blessé tellement qui faillit (2) sur heure avoir le bar-
bier, pour l'estancher et pencer la playe. Pour ce xxvij s
vj d. (3)

(1) C. a. d. de la forme de ceux qu'on fabriquait à Prague, en
Bohême. Le Glossaire de Ducange, au mot *cultellus*, cite, d'après
un acte de 1456, un cas identique de l'emploi du petit cousteau
pragois.

(2) Qu'il fallut.

(3) Ce chiffre est aussi biffé. Il a été remplacé par le second des
articles suivants, que nous empruntons au même compte.

« Pour la despence de maistre Bertran Du Vau, licencié ès lois,
« senneschal dessusdit, qui vint au d. lieu de Chasteauneuf, luy,
« son clerc et son serviteur, pour examiner led. Ypolite et pour
« veoirs et visiter son procès, avecques luy Guillaume Renart,
« chastellain dud. Chasteauneuf, où led. senneschal et chastel-
« lain ont vaqué aud. examen et procès le mercredi xixᵉ jour de
« janvier l'an mil iiijᶜ iiijxx et xix ; pour ce xix s. iiij d. »

« A baillé led. recepveur au hault justicier, par marché fait
« avecques luy par led. senneschal, pour faire son office de pen-
« dre et estrangler led. Marrier à la justice dud. lieu de Chasteau-
« neuf, ainsi qu'il fut condampné par led. senneschal ; pour ce
« LXX s. t. »

Item pour la journée et despens de deux charpentiers qui ont vacqué par ung jour à réparez la carie dud. lieu, tant liens, tennons que l'eschalle d'icelle, qu'ilz ont regarnie tout de neuf de barreaulz ; pour paye et despens à chascun d'eulz, troys solx quatre deniers ; qui est pour les deuz vj s. vuj d.

Requérant led. Jehan Dumoussoy qu'il plaise à Monseigneur et à mess^{rs} les audicteurs de ses comptes [que les d. parties] soient aloués et couchées en mise au receveur dud. lieu de Chasteauneuf.

Je Guillaume Renart, chastelain dud. lieu de Chasteauneuf, certifie à mess^{rs} les audicteurs des comptes de Monsg^r que les mises et despences faictes par led. Jehan Dumoussoy, ainsi qu'elles sont cy davant contenues, contiennent vérité ; tesmoign mon seign manuel cy mis, le xvuj^e jour de février, l'an mil uij^e uij^{xx} et dix neuf ; par ce que à chascune des foiz que led. Ypolite a esté èsd. prinsons, j'ay fait les procès et informacions à l'encontre dud. Ypolite.

G. Renart.

(Compte original.)

La même année fut détenue, pendant onze jours, dans les prisons de Chateauneuf « une femme accusée de sorcerie, laquelle.., « par le commandement de mess^{rs} les officiers dud. lieu de Chas- « teauneuf, led. J. Dumoussoy fist conduyre et mener dud. lieu « ès prinsons de mons^r l'évesque d'Angiers, pour ce qu'ilz disoient « que la congnoissance du cas de sortillège appartient à l'Eglise. » On lit dans le Compte de l'année 1514 :

« Item pour la despence et mise faicte pour et à l'occasion « d'avoir fait baptre et essoriller ung nommé Guillaume Pouppon, « larron, én ceste ville de Chasteauneuf, et d'avoir porté le pro- « cès aux officiers ; et aussi de la peine et sallaire du hault jus- « ticier : Pour ce lxvuj s. x d. »

IV. — BAS-POITOU.

SEIGNEURIE DE MAREUIL-SUR-LAY. (1).

1529. *Poursuite des malfaiteurs qui désolent la partie occidentale du Bas-Poitou. Arrestation, procès et exécution de deux d'entr'eux.*

Au Prévost des marchans de la Roche sur Oyon.

Monseigneur le Prévost, j'ay esté adverty qu'il y a ung tas de gens mal vivans, vers les quartiers de Sainct-Hermine, la Roche sur Oyon, Maroil et autres lieux circumvoysins, qui destroussent les marchans, font volleries et plusieurs autres maulx. Je vous prie faire diligence de les prandre et en faire justice, en sorte qu'on y pregne exemple et que le pauvre peuple puisse vivre en seureté. Les officiers des lieux vous assisteront, pour faire le procès dessusdit et sçavoyr la vérité comment ils vivent; et à ce que dessus ne faictes faulte. Et adieu monsg' le Prévost, que je pry vous donner ce que désirés.

De Berrye (2), ce xviij^e jour de mars.

Le tout vostre, F. DE LA TRÉMOILLE.

Lequel double cy dessus Jehan Pinaud, receveur de Maroil (3), nous a requis, affin qu'il monstre ses comp-

(1) Vendée, arr. de la Roche-sur-Yon.

(2) Près Loudun, département de la Vienne.

(3) On lit dans une lettre du 12 avril (1510?) des sénéchal, chatelain et procureur de Craon, en Anjou, à Madame de La Trémoille (Gabrielle de Bourbon) :

« Madame, nous avons en vos prisons de Craon ung paillart, « meurtriez et brigant, lequel a deservy mort plus de six fois. « C'est ung très mauvays garson, que nous craignons que s'il « estoit justicié par vostre justice de Craon qu'il en appellast. « Nous avons ung lieutenant de prévost en ce pays d'Anjou, « nommé le s^r de la Guygnardiere, lequel pour peu de chose en

tes des exécutions que nous avons faictes faire touchant Toussaints Merichon, la vigile Assumption Nostre Seigneur, et le samedi suyvent de Jehan Chevret, alias Jehan de la Fourest ; ledit Merichon au lieu de Mareil et led. de la Fourest ès Moustiers sur le Lay (1) : le vjᵉ ledit Merichon ; le ixᵉ led. de la Fourest aud. lieu des Moustiers sur Lay ; les ditz jours de may l'an mil Vᶜ XXIX.

G. AUBERT,

(Original signé.)

S'ensuyvent les mises et despenses faictes par Jehan Pinault, receveur, pour les procès criminelz de Toussains Merichon et Jehan Chevret, faict par Guillaume Aubert, escuier, lieutenant du prévost des mareschaulx ès pays de Poictou, Anjou et Guyenne, auquel Monsᵍʳ escript faire pugnicion des malfaicteurs et vagabons emprisonnez par l'avis des séneschal, chastelain et procureur : icellui Merichon audit lieu de Mareuil, où il avoit esté mené, et ledit Chevret aux Moustiers sur le Lay, pour seurté et garde de lui. Ausquelx procès led. Aubert a vacqué puis le lundi cincquièsme de may jusques au sabmedi ensuivant, sçavoir est le lundi, mardi, mercredi et jeudi aud. lieu de Mareuil, à l'houstel de Jehan Riviere, et dès led. jour de jeudi après midi aud. lieu des Moustiers, à l'houstel de Jehan Tressart, dont led. procureur n'a départi, pour faire administrer tesmoins, et son fils, Pierre Lefeuvre, Jacques

---

« fera la despesche. Si c'estoit vostre plaisir luy en rescripre, « nous semble que ce seroit bien fait, tant pour le bien de jus- « tice que pour éviter les grands fraicts qui ce pourroient trou- « ver à l'occasion de lad. appellacion. »

(1). Près de Mareuil, ainsi que les autres localités nommées ci-après.

Vincent, Jehan Choqueteau et Jehan Fornier, sergens dud. lieu de Mareuil, tant pour aller querir les tesmoins que pour faire plus amples informations, où led. Pinault a emploié ce que s'ensuit; lequel Merichon a esté exécuté aud. lieu de Mareuil et led. Chevret aux Moustiers.

Premier que, pour la despence faicte à l'houstel dud. Riviere, puis led. jour de lundi jusques au jeudi à disner, pour led. prévoust, son homme, maistre Pierre Servant son greffier, procureur, son fils, receveur, les quatre sergens, tesmoins tant de Bournezeau, les Cerisiers, la Ferrière, Nesmy et Chaillé, pour eulz et leurs chevaulz, aussi pour Jehan Pasquier, lieutenant du capitaine, trois repas............................... vj l. x s.

Pour la despence desd. provoust, son homme, greffier, procureur, son filz, receveur, à l'houstel dud. Tressart, aud. lieu des Moustiers, puis le jeudi à soupper jusques au sabmedi qu'ilz eurent disné, pour eulx et leurs chevaulx.................................. vij l. vj s.

Pour la vacacion dud. Aubert desd. six journées, vuj l.

Pour la vacacion dud. Servant, greffier, desd. six journées,.................................... c. s.

Pour le salaire du serviteur dud. Aubert.. xij s. vj d.

A maistre Jehan Mourault, exécuteur, qui exécuta les diz Merichon et Chevret................ ...... iiij. l.

A Jehan Turpault, dud. lieu de Mareuil, qui alla querir led. Mourault à Longeville, distant dud. lieu de Mareuil de six lieues, pour le conduire à assurté.. x s.

A Benoist du Vereau, qui conduisit led. Mourault jusques au Port la Claye, distant dud. lieu des Moustiers de troys lieues, par ce qu'il lui avoit esté promis et escript....................................... v s.

Pour le consierge dud. lieu des Moustiers, pour garde dud. Chevret puis le jour du jeudi jusques aud. jour de

sabmedi, que led. Chevret fut exécuté aud. lieu des
Moustiers.................................... v s.

A Jehan Pasquier, lieutenant du capitaine, par le
commandement des officiers, pour faire faire une cer-
rure et faire abiller les portes de la prison dud. lieu de
Mareuil................................ xij s. vj d.

Aud. Pasquier, Lefevre et autres compaignons, pour
leur despence de ce qu'ils ont gardé led. Merichon deux
nuytées en lad. prinson, pour ce qu'elle n'est seure et que
on doubtoit qu'il [fust] dérobé la nuyt par ses adhérens,
qui estoient Loyz Paon, ung nommé Bonnet et autres,
que on dit avoir esté depuis exécutez à Nantes, x s. vj d.

Pour faire certaines informacions contre les dessusd.
à Pierre Lefevre et autres, à diverses foiz.. vij s. vj d.

Pour le salaire d'ung homme qui fut envoié dud. lieu
des Moustiers à la Roche sur Oyon, distant de cincq
lieues ou environ, pour l'affaire dud. Aubert, prévoust,
où il voulut aller, et afin que led. affaire ne fust discon-
tinué....... .... iij s. iiij d.

Item pour cinq fers, tant ès chevaulx dud. prévoust
que de son greffier.............................. v s.

Faict et arresté à yssue des grandes assises desd. sei-
gneuries, tenues le xij^e jour de may, l'an mil cincq cens
XXIX.

N. Prevost. N. Moussiau.

*Une autre attribution du bourreau est indiquée par la pièce
suivante, aussi originale.*

Je Pierre Bitard, procureur de Maroil et la Veille
Tour, certiffie à mess^rs les auditeurs des comptes de
Jacques Prévost, receveur desdits lieux, que icelluy
Prévost a baillé et poyé à ung nommé Jacques Remault,
maistre des haultes euvres et bourreau, demourant en
Angles, distant dudit lieu de Maroil de quatre grans

lieues ou environ, la somme de dix sept sols six deniers tournoys, pour estre venu lever ung corps mort, estans noyé en la rivière du Loy, joignant le grant pont et près des maisons, lequel infectoit les gens de la ville dudit lieu de Maroil et les passans et repassans audit lieu ; tesmoign ces présentes signées de ma main, le dixiesme jour du mois d'aougst l'an mil cincq cens quatorze.

P. BITARD, procureur susdit.

V. — AUNIS.

SEIGNEURIE DE L'ILE DE RÉ (1).

1549. *Exécution de deux condamnés, l'un en personne et l'autre en effigie. Fustigation de l'individu qui a enlevé le premier du gibet, où le cadavre est remplacé par un morceau de bois. Prix de la peinture représentant le contumace.*

Aujourdhuy le procureur de céans, comparant en sa personne, nous a dit et remonstré que par arrest et en exécution de nostre sentence, Jacques Morineau, prisonnier ès-prisons de céans, a este condampné à être pendu et estranglé ès-fourches patibulaires de la seigneurie de céans. Et parce qu'il convient exécuter ladicte sentence, ensemble faire exécuter une aultre sentence par nous donnée contre Guillaume Fief, condampné a être pendu par effigie, et que pour ce faire convient frayer et faire mises, nous a recquis et requiert que ayons à enjoindre au recepveur de la seigneurie de céans personnellement de ce faire. Sur quoy avons ordonné que ledit recepveur fera la mise à moindres fraiz que faire se pourra, obst ce qu'il sera tenu en faire compte par escript.

(1) Charente Inférieure, arr. de La Rochelle.

Faict par devant nous Jacques Foucher, licencié ès décretz, juge prévost de l'Isle de Ré, le seizième jour d'aoust l'an mil cinq cens quarante neuf.

FOUCHER,

Fourmentier, greffier.

(Cet acte et les suivants sont des originaux, en parchemin ou en papier.)

17 aout 1549. Mandement au receveur de l'Ile de Ré de payer à maistre Mathurin........................, (1) exécuteur de la haulte justice, la somme de neuf livres tournois, pour son sallaire d'avoir exécuté feu Jacques Morineau, condampné à la mort; ensemble avoir pendu et exécuté en effigie Guillaume Fief.

Ledit paiement fait le même jour.

28 aout 1549. Quittance de 50 s. t. « pour l'achapt d'une eschelle et d'une pièce de boys pour faire une potensse. »

Lundi 4 novembre 1549. Loys Restif ayant été condamné au fouet et autres peines contenues en sa sentence, on fait venir de La Rochelle Mᵉ Mathurin......., exécuteur de la haute justice, qui reçoit ledit jour 7 liv. tournois, tant pour la peine dudit Restif que *pour pendre en bosse feu Jacques Moryneau, despendu par ledit Restif.*

Je Nicolas Paris, peintre, confesse avoir reseu de Mathieu Marot, reseveur de Rez, la somme de quarante cinq soulz, pour la pinture de ung tableau que jé faict, ayant la pourtraiture de ung homme homiside. De la quel somme de quarante cinq et soulz tournois je l'en tient quite, témoing mon sing manuel sy mis le iije jour d'apvril mil cinq cens quareute neuf.   PARIS.

(Original en papier, olographe et d'une bonne écriture, avec paraphe compliqué.)

(1) Nom resté en blanc.

Extrait du *Cabinet historique*

TOME XXV.

Tiré à vingt-cinq exemplaires.

Épernay. — Typ. BONNEDAME et FILS, éditeurs du Cabinet historique.

Extrait du *Cabinet historique*.

TOME XXV.

Tiré à vingt-cinq exemplaires.

Épernay. — Typ. BONNEDAME et FILS, éditeurs du Cabinet historique.